Paramahansa Jogananda
(1893 – 1952)

PARAMAHANSA JOGANANDA

PRAWO
SUKCESU

———

Wykorzystanie mocy

Ducha w celu

osiągnięcia zdrowia,

bogactwa i szczęścia

Self-Realization Fellowship

FOUNDED 1920 BY PARAMAHANSA YOGANANDA

O TEJ KSIĄŻCE: *Prawo sukcesu* zostało wydane po raz pierwszy jako broszura w 1944 roku przez Self-Realization Fellowship i od tego czasu jest bez przerwy w druku. Przetłumaczono ją na wiele języków.

Tytuł oryginału w języku angielskim wydanego przez Self-Realization Fellowship, Los Angeles (Kalifornia): *The Law of Success*

ISBN-13: 978-0-87612-150-4

Przekład na polski: Self-Realization Fellowship

Copyright © 2015 Self-Realization Fellowship

Wydanie autoryzowane przez International Publications Council of Self-Realization Fellowship

Nazwa i emblemat Self-Realization Fellowship (widoczny powyżej) widnieją na wszystkich książkach, nagraniach oraz innych publikacjach wydanych przez SRF i upewniają czytelnika, że są to oryginalne prace organizacji założonej przez Paramahansę Joganandę i że wiernie przekazują one jego nauki.

Pierwsze wydanie w języku polskim, 2015
First edition in Polish, 2015
To wydanie 2025
This printing 2025

ISBN-13: 978-0-87612-641-7

1455-J8616

Ten jest najmądrzejszy, kto poszukuje Boga.
Największy sukces osiągnął ten, kto znalazł Boga.

— Paramahansa Jogananda

SZLACHETNI NOWI

Śpiewaj pieśni, których nikt nie śpiewał,

Snuj myśli, które w mózgu nigdy nie zabrzmiały,

Idź ścieżkami, którymi nikt nie podążał,

Wylewaj łzy, jakich nikt nie wylewał dla Boga,

Dawaj pokój tym wszystkim, którym nikt inny
    nie dawał,

Przygarnij tego, którego wszyscy się wyparli.

Miłuj wszystkich miłością, jakiej nikt nie
    odczuł,

I z odwagą podejmij walkę z życiem z siłą
    nieokiełznaną.

MOJE BOŻE DZIEDZICTWO

———

Pan stworzył mnie na Swoje podobieństwo. Jego będę poszukiwać najpierw i zapewnię sobie rzeczywisty z Nim kontakt; wtenczas, jeśli taka Jego wola, niechaj wszystkie rzeczy — mądrość, bogactwo, zdrowie — zostaną mi dodane jako część mojego boskiego dziedzictwa.

Pragnę sukcesu bez miary, nie z ziemskich źródeł, ale z rąk posiadającego wszystko wszechpotężnego Boga.

PRAWO SUKCESU

Czy jest taka siła, która może ujawnić ukryte żyły bogactwa i odkryć skarby, o których nigdy nie śniliśmy? Czy istnieje siła, którą moglibyśmy wezwać, żeby dała nam zdrowie, szczęście i duchowe oświecenie? Święci oraz mędrcy Indii nauczają, że istnieje taka siła. Zademonstrowali oni skuteczność zasad prawdy, które również dla ciebie będą działały, jeśli uczciwie je wypróbujesz.

Twój sukces w życiu nie zależy całkowicie od zdolności i praktyki; zależy on również od twojej determinacji w dążeniu do uchwycenia szans, które się przed tobą otwierają. Szanse życiowe nie przychodzą przez przypadek, ale są tworzone. Ty sam, czy to obecnie, czy w przeszłości (wliczając w to przeszłość poprzednich żywotów), stworzyłeś wszystkie możliwości, które pojawiają się na twojej ścieżce. Skoro na nie zapracowałeś, wykorzystaj je jak najlepiej.

Jeśli wykorzystasz zarówno wszelkie ze-
wnętrzne środki, jak i swoje naturalne zdolności,
aby pokonać każdą przeszkodę na swojej ścieżce,
to w ten sposób rozwiniesz moce, które dał ci
Bóg — nieograniczone moce, które płyną z naj-
głębszych sił twej istoty. Posiadasz moc myśli
oraz siłę woli. Spożytkuj w pełni te boskie dary!

MOC MYŚLI

———

Wykazujesz się sukcesem lub ponosisz porażkę według przyswojonego trendu własnych
myśli. A więc co jest silniejsze w tobie — myśli
o sukcesie czy myśli o porażce? Jeśli twój umysł
notorycznie znajduje się w stanie negatywnym,
to przypadkowa pozytywna myśl nie wystar-
czy, żeby przyciągnąć sukces. Ale jeśli myślisz
prawidłowo, to odnajdziesz swój cel, nawet jeśli

wydajesz się być spowity ciemnością.

Ty sam jesteś za siebie odpowiedzialny. Nikt inny nie może odpowiadać za twoje uczynki, gdy nadchodzi sąd ostateczny. Twoja praca w świecie — w sferze gdzie umieściły cię twoja karma i twoje własne działania z przeszłości — może zostać wykonana tylko przez jedną osobę — ciebie. A twoją pracę można będzie nazwać „sukcesem" tylko wtedy, gdy w jakiś sposób służy ona twoim bliźnim.

Nie poddawaj wciąż każdego problemu mentalnej rewizji. Pozwól czasem swojemu umysłowi odpocząć przez jakiś czas, a problem być może rozwiąże się sam, lecz uważaj, żebyś nie odpoczywał tak długo, że zatracisz własną zdolność osądu. Wykorzystaj raczej okresy odpoczynku, żeby wejść głębiej w spokojne regiony Samego siebie. Zestrojony ze swoją duszą będziesz w stanie myśleć prawidłowo o wszystkim, co robisz;

a jeśli twoje myśli lub działania zbłądzą, będzie można przestawić je na właściwe tory. Taką moc boskiego zestrojenia można osiągnąć dzięki praktyce i wysiłkowi.

WOLA JEST JAK DYNAMO

———

Wraz z pozytywnym myśleniem powinieneś stosować siłę woli oraz nieustanne działanie w celu osiągnięcia sukcesu. Każda zewnętrzna manifestacja jest wynikiem woli, ale nie zawsze siła ta używana jest świadomie. Istnieje wola mechaniczna, a także wola świadoma. Motorem całej twojej mocy jest wola, lub inaczej siła woli. Bez woli nie możesz chodzić, mówić, pracować, myśleć czy czuć. A zatem siła woli jest sprężyną wszystkich twoich działań. (Aby nie używać tej energii, musiałbyś być zupełnie nieaktywny zarówno fizycznie, jak i mentalnie. Nawet wtedy, gdy poruszasz swoją ręką, to używasz siły woli. Niemożliwe jest życie bez używania tej siły).

Mechaniczna wola jest bezmyślnym stosowaniem siły woli. Świadoma wola jest witalną siłą towarzyszącą determinacji i wysiłkowi, motorem, który powinien być mądrze ukierunkowanym. Gdy ćwiczysz się w stosowaniu świadomej, a nie mechanicznej woli, to również powinieneś upewnić się, że używasz swojej siły woli konstruktywnie, a nie dla szkodliwych celów czy bezużytecznych zdobyczy.

Aby stworzyć dynamiczną siłę woli, postanów dokonać w życiu takich rzeczy, o których sądziłeś, że nie umiałbyś ich zrobić. Zacznij najpierw od prostych zadań. Gdy wzmocnisz pewność siebie, a twoja wola stanie się bardziej dynamiczna, wtedy będziesz mógł podjąć się trudniejszych przedsięwzięć. Upewnij się, że dokonałeś dobrego wyboru, a następnie nie dopuszczaj do siebie świadomości porażki. Poświęć całą siłę swojej woli na opanowanie jednej rzeczy na raz; nie rozpraszaj swoich energii ani też nie zostawiaj czegoś na wpół skończonego, żeby zająć się nowym przedsięwzięciem.

MOŻESZ KONTROLOWAĆ PRZEZNACZENIE

Umysł jest stwórcą wszystkiego. Powinieneś zatem kierować jego zdolnością tworzenia tak, aby tworzył jedynie dobro. Jeśli trzymasz się pewnej myśli z dynamiczną siłą woli, to w końcu przybierze ona namacalną zewnętrzną formę. Gdy potrafisz stosować siłę woli tylko do konstruktywnych celów, to stajesz się *panem swojego przeznaczenia*.

Wspomniałem o trzech istotnych sposobach, które uczynią twoją wolę dynamiczną: 1) wybierz proste zadanie czy umiejętność, której nigdy nie opanowałeś, i postanów, że odniesiesz w tym sukces; 2) upewnij się, że wybrałeś coś konstruktywnego i możliwego do zrobienia, a następnie wyklucz możliwość porażki; 3) skup się na pojedynczym celu, stosując wszystkie zdolności i możliwości, aby to osiągnąć.

Ale zawsze powinieneś być pewny wewnątrz spokojnej przestrzeni swojego wewnętrznego „ja", że to, czego chcesz, jest dla ciebie dobre i w zgodzie z Boskimi zamiarami. Możesz wówczas użyć całej siły woli, aby osiągnąć swój cel, skupiając zarazem swój umysł na myśli o Bogu — Źródle wszelkiej mocy i wszelkich osiągnięć.

STRACH WYCZERPUJE ENERGIĘ ŻYCIOWĄ

Ludzki mózg jest magazynem życiowej energii. Energia ta jest nieustannie używana podczas ruchów mięśni, przy pracy serca, płuc i przepony, w metabolizmie komórkowym i chemizacji krwi oraz podczas pracy łącznościowego systemu motorycznego zmysłów (nerwów). Oprócz tego ogromna ilość energii życiowej potrzebna jest we wszystkich procesach myślenia, emocji oraz woli.

Strach wyczerpuje energię życiową; jest on jednym z największych wrogów dynamicznej siły woli. Strach sprawia, że energia życiowa, która zwykle przepływa równomiernie przez nerwy, zostaje z nich wyciśnięta, a same nerwy stają się jakby sparaliżowane. Witalność całego ciała zostaje obniżona. Strach nie pomaga ci w ucieczce od przyczyny strachu; on jedynie osłabia twoją siłę woli. Strach powoduje, że mózg wysyła spowolnione sygnały do wszystkich organów ciała. Wywołuje zaburzenia pracy serca, zatrzymuje funkcje trawienne oraz powoduje wiele innych zaburzeń organizmu. Gdy świadomość jest skoncentrowana na Bogu, nie zaznasz strachu. Każda przeszkoda zostanie wtedy pokonana dzięki odwadze i wierze.

„Życzenie" jest *pragnieniem bez energii*. Po życzeniu może przyjść „zamiar" — plan zrobienia czegoś, spełnienia życzenia lub pragnienia. Ale „wola" oznacza: „Będę działać, dopóki nie zrealizuję mojego życzenia". Gdy ćwiczysz siłę woli, wtedy uwalniasz moc energii życiowej — a nie wtedy, gdy jedynie biernie życzysz sobie osiągnięcia celu.

PORAŻKI POWINNY POBUDZAĆ DETERMINACJĘ

———

Nawet niepowodzenia powinny działać jak środki pobudzające, stymulując siłę woli i rozwój materialny i duchowy. Jeśli nie powiodło ci się w którymś z twoich przedsięwzięć, to pomocne jest przeanalizowanie każdego czynnika w danej sytuacji w celu wyeliminowania w przyszłości wszelkich możliwości powtórzenia tych samych błędów.

Okres niepowodzeń to najlepsza pora na sianie nasion sukcesu. Ostrze niesprzyjających okoliczności może cię poranić, ale trzymaj głowę wysoko. Zawsze próbuj *raz jeszcze,* nieważne ile razy poniosłeś porażkę. Walcz nawet wtedy, gdy myślisz, że nie możesz już dłużej walczyć, albo nawet wtedy, gdy sądzisz, że już zrobiłeś wszystko, co w twojej mocy, albo dotąd, aż twoje wysiłki zostaną ukoronowane sukcesem. Wyjaśni to krótka historyjka.

A i B walczyli ze sobą. Po dłuższym czasie A rzekł do siebie: „Nie mogę już tego dłużej ciągnąć". Ale B pomyślał: „Jeszcze jeden cios" i zadał go, a wtedy A upadł. I ty musisz tak działać. Zadaj ostateczny cios. Zastosuj niezwyciężoną moc woli do pokonania wszystkich trudności w życiu.

Nowe wysiłki po niepowodzeniu przynoszą

prawdziwy rozwój. Ale muszą one być dobrze zaplanowane i nasycone narastającą intensywnością uwagi oraz dynamiczną siłą woli.

Załóżmy, że dotąd *spotykały cię* niepowodzenia. Byłoby głupotą poddać się w walce, akceptując niepowodzenie jako wyrok „losu". Lepiej jest umrzeć walcząc, niż zaprzestać swoich wysiłków, kiedy nadal istnieje prawdopodobieństwo osiągnięcia czegoś więcej. Bo nawet jeśli nadejdzie śmierć, to twoja walka musi wkrótce zostać podjęta na nowo w innym życiu. Sukces lub porażka jest jedynie wynikiem tego, co zrobiłeś w przeszłości, *plus* tego, co robisz obecnie. A zatem powinieneś stymulować wszystkie myśli o sukcesie z poprzednich wcieleń dotąd, aż ożywią się na nowo i będą w stanie zneutralizować wpływ wszelkich tendencji do porażek w obecnym życiu.

Możliwe, że osoba, która osiągnęła sukces, miała znacznie poważniejsze trudności do pokonania, niż osoba, która poniosła porażkę, ale ta pierwsza ćwiczy się nieustannie w odrzucaniu myśli o niepowodzeniu. Powinieneś przenieść swoją uwagę z porażki na sukces, z niepokoju na wyciszenie, z mentalnego błąkania się na koncentrację, z niepokoju na spokój, a ze spokoju na wewnętrzną boską szczęśliwość. Gdy osiągniesz ten stan samorealizacji, to cel twego życia zostanie chwalebnie spełniony.

POTRZEBA SAMOANALIZY

Kolejną tajemnicą postępu jest samoanaliza. Introspekcja jest lustrem pozwalającym Ci ujrzeć zakamarki twojego umysłu, które inaczej pozostałyby przed tobą ukryte. Zdiagnozuj swoje niepowodzenia i uporządkuj swoje dobre i złe skłonności. Przeanalizuj, kim jesteś, kim pragniesz zostać oraz jakie niedociągnięcia cię powstrzymują.

Zadecyduj, co jest istotą twego prawdziwego po-
wołania — twojej życiowej misji. Podejmij próbę
zostania tym, kim być powinieneś i kim pragniesz
być. Gdy będziesz kierował umysł ku Bogu i do-
strajał się do Jego woli, to będziesz coraz pewniej
posuwał się naprzód na swojej ścieżce.

Twym ostatecznym celem jest znalezienie
drogi do Boga, ale twoim zadaniem jest również
działanie w świecie zewnętrznym. Siła woli po-
łączona z inicjatywą pomoże ci rozpoznać i wy-
pełnić to zadanie.

KREATYWNA MOC
INICJATYWY

Czym jest inicjatywa? Jest to twórcza zdolność
w tobie, iskra Nieskończonego Stwórcy. Może ci
ona dać moc stworzenia czegoś, czego nikt inny
nie stworzył. Ona popycha cię do wykonywania

rzeczy w nowy sposób. Osiągnięcia osoby z inicjatywą mogą być tak spektakularne jak spadająca gwiazda. Pozornie tworząc coś z niczego, osoba taka pokazuje, że coś, co wydawałoby się niemożliwe, staje się możliwe dzięki zastosowaniu wielkiej wynalazczej mocy Ducha.

Inicjatywa pozwala ci stanąć na nogi, być wolnym i niezależnym. Jest ona jednym z atrybutów sukcesu.

DOSTRZEGAJ WIZERUNEK BOGA WE WSZYSTKICH LUDZIACH

Wielu ludzi zapomina o swoich wadach, a innych osądza surowo. Powinniśmy odwrócić tę postawę poprzez wybaczanie innym ich niedociągnięć i surową ocenę naszych własnych.

Czasem konieczne jest analizowanie innych ludzi; w takim przypadku ważną rzeczą jest pamiętać o powstrzymaniu się od uprzedzeń. Bezstronny umysł jest jak nieporuszone czyste lustro, którego nie potrafią zmącić pochopne osądy. Odbicie każdej osoby w tym lustrze będzie ukazywało jej niezakłócony wizerunek.

Naucz się dostrzegać Boga we wszystkich osobach niezależnie od rasy i wyznania. Dowiesz się, co to jest boża miłość, kiedy zaczniesz odczuwać swoją jedność z każdą ludzką istotą, nie wcześniej. We wzajemnym służeniu sobie zapominamy o naszym małym „ja" i zauważamy jedną niezmierzoną Jaźń, Ducha, który jednoczy wszystkich ludzi.

NAWYKI MYŚLOWE KONTROLUJĄ NASZE ŻYCIE

———

Sukces zostaje przyśpieszony lub opóźniony przez nasze nawyki.

To nie twoje przelotne inspiracje lub błyskotliwe idee, ale codzienne mentalne nawyki kontrolują twoje życie. Nawyki myślowe są mentalnymi magnesami, które przyciągają do ciebie określone rzeczy, ludzi oraz okoliczności. Dobre nawyki myślowe pozwalają ci przyciągnąć korzystne okoliczności. Złe nawyki myślowe przyciągają cię do materialistycznie nastawionych osób oraz do niekorzystnych środowisk.

Osłabiaj zły nawyk przez unikanie wszystkiego, co mu sprzyja lub go stymuluje, *ale nie koncentruj się na nim w swojej gorliwości, by go uniknąć.* A następnie skieruj swój umysł na jakiś dobry nawyk i stopniowo go rozwijaj, dopóki nie stanie się niezawodną częścią ciebie.

Zawsze są wewnątrz nas dwie walczące ze sobą siły. Jedna siła mówi nam, żebyśmy robili rzeczy, których nie powinniśmy robić, a druga namawia nas do robienia rzeczy, które powinniśmy robić, rzeczy, które wydają się trudne. Jeden głos jest głosem zła, a drugi jest głosem dobra, czyli Boga.

Poprzez trudne codzienne lekcje zobaczysz kiedyś jasno, że złe nawyki karmią drzewo niekończących się materialnych pragnień, podczas gdy dobre nawyki karmią drzewo aspiracji duchowych. Coraz bardziej powinieneś koncentrować swoje wysiłki na sukcesywnym pielęgnowaniu duchowego drzewa, tak abyś pewnego dnia mógł zbierać dojrzałe owoce samorealizacji.

Jeśli potrafisz uwolnić się z wszelkich złych nawyków i jeśli potrafisz czynić dobro dlatego, że pragniesz je czynić, a nie dlatego jedynie, że zło przynosi smutek, wtedy naprawdę czynisz postępy w Duchu.

Jedynie wówczas, gdy odrzucasz złe nawyki, stajesz się naprawdę wolnym człowiekiem. Dopóki nie zostaniesz prawdziwym mistrzem, zdolnym do kierowania sobą tak, aby robić rzeczy, które powinieneś, choć może nie chcesz ich robić, to nie jesteś wolną duszą. *W tej mocy samokontroli kryje się ziarno wiekuistej wolności.*

Wymieniłem dotąd kilka ważnych atrybutów warunkujących sukces — pozytywne myśli, dynamiczną wolę, samoanalizę, inicjatywę oraz samokontrolę. Wiele popularnych książek kładzie nacisk na jeden lub kilka z nich, ale zapomina przypisać wagę Boskiej Mocy, która za nimi stoi. *Zestrojenie z Boską Wolą jest najważniejszym czynnikiem w przyciąganiu sukcesu.*

Boska Wola jest mocą, która porusza kosmos

i wszystko, co się w nim znajduje. To Boża Wola rzuciła gwiazdy w przestrzeń kosmiczną. To Jego wola utrzymuje planety na orbitach i kieruje cyklami narodzin, rozwoju i rozkładu we wszystkich formach życia.

MOC BOSKIEJ WOLI

Boska Wola nie ma ograniczeń, działa poprzez prawa znane i nieznane, naturalne i pozornie cudotwórcze. Może zmienić kierunek przeznaczenia, wskrzesić zmarłych, wrzucić górę do morza i stworzyć nowe systemy słoneczne.

Człowiek, jako wizerunek Boga, posiada w sobie wszechmocną siłę woli. Odkrycie poprzez właściwą medytację[1] jak być w harmonii z Boską

[1] Medytacja jest specjalną formą koncentracji, w której uwaga zostaje uwolniona dzięki naukowej technice jogi z niespokojnego stanu cielesnej świadomości i zostaje jednopunktowo skupiona na Bogu. *Lekcje Self-Realization Fellowship* dają szczegółowe instrukcje na temat nauk medytacji (przypis wydawcy).

Wolą, jest najwyższym obowiązkiem człowieka.

Gdy ludzka wola kieruje się błędami, zawodzi nas, ale kiedy kieruje się mądrością, wtedy zestraja się z Wolą Boską. Boski plan wobec nas często przysłonięty zostaje przez konflikty ludzkiego życia, a wtedy tracimy wewnętrzne przewodnictwo, które mogłoby uratować nas przed otchłanią nieszczęścia.

Jezus rzekł: „Bądź wola Twoja". Gdy człowiek zestraja swoją wolę z Wolą Bożą, która kierowana jest mądrością, to używa Woli Bożej. Poprzez stosowanie właściwych technik medytacji, rozwiniętych w ciągu wieków przez indyjskich mędrców, wszyscy ludzie mogą osiągnąć doskonałą harmonię z wolą Ojca Niebiańskiego.

Z OCEANU OBFITOŚCI

———

Tak jak wszelka moc kryje się w Jego woli, tak wszelkie duchowe i materialne dary spływają z Jego bezgranicznej obfitości. Aby otrzymać Jego dary, musisz usunąć z umysłu wszelkie myśli dotyczące ograniczenia i ubóstwa. Uniwersalny umysł jest doskonały i nie zna pojęcia braku; aby uzyskać dostęp do tych niewyczerpanych zasobów, musisz utrzymywać świadomość obfitości. Nawet jeśli nie wiesz, skąd nadejdzie następny grosz, to nie powinieneś poddawać się niepokojowi. Jeśli wykonujesz swoją pracę i polegasz na Bogu, że on wykona swoją, to odkryjesz, że tajemnicze siły przychodzą ci z pomocą i że twoje konstruktywne pragnienia wkrótce się zmaterializują. To zaufanie i świadomość obfitości osiąga się poprzez medytację.

Skoro Bóg jest źródłem wszelkich sił umysłu,

pokoju i dobrobytu, *to nie stosuj najpierw woli i działania, ale skontaktuj się najpierw z Bogiem.* W ten sposób możesz wykorzystać własną wolę i działanie, aby osiągnąć najwyższe cele. Tak jak nie można transmitować dźwięku przez popsuty mikrofon, tak samo nie możesz wysłać modlitw przez mentalny mikrofon niesprawny z powodu niepokoju. Poprzez głęboki spokój powinieneś naprawić mikrofon umysłu i zwiększyć receptywność na intuicję. Będziesz mógł wtedy skutecznie wysyłać do Niego swoje myśli oraz otrzymywać Jego odpowiedzi.

DROGA MEDYTACJI

Gdy już zreperowałeś radio umysłu i jesteś spokojnie zestrojony z konstruktywnymi wibracjami, to jak możesz to wykorzystać, aby dotrzeć do Boga? Drogą do tego jest właściwa metoda medytacji.

Dzięki sile koncentracji i medytacji możesz nakierować niewyczerpaną moc swojego umysłu na osiągnięcie tego, czego pragniesz, i ustrzec się przed każdym niepowodzeniem. Wszyscy ludzie sukcesu poświęcają wiele czasu na głęboką koncentrację. Potrafią oni zanurzyć się głęboko w swoje umysły i odnaleźć perły właściwych rozwiązań problemów, z którymi mają do czynienia. Jeśli nauczysz się, jak wycofać uwagę z wszelkich rozpraszających przedmiotów i skupić ją na jednym przedmiocie koncentracji, ty również dowiesz się, jak za pomocą siły woli przyciągnąć wszystko, czego potrzebujesz.

Zanim zabierzesz się do ważnego przedsięwzięcia, usiądź w ciszy, uspokój swoje zmysły i myśli i głęboko medytuj. Będziesz wówczas kierowany przez wielką twórczą moc Ducha. Następnie powinieneś wykorzystać wszelkie konieczne środki materialne w celu osiągnięcia swojego celu.

Rzeczy, których potrzebujesz w życiu, to te, które pomogą ci w realizacji twojego głównego celu. Rzeczy, których możesz *chcieć*, ale niekoniecznie *potrzebować*, mogą odwieść cię od twojego celu. Sukces zostaje osiągnięty jedynie poprzez podporządkowanie wszystkiego realizacji twojego głównego celu.

MIARĄ SUKCESU JEST SZCZĘŚCIE

Zastanów się, czy osiągnięcie celu, który obrałeś, będzie stanowiło sukces. Co to jest sukces? Jeśli posiadasz zdrowie i bogactwo, ale masz problemy ze wszystkimi (włączając w to siebie), to twoje życie nie jest sukcesem. Egzystencja staje się daremną, jeśli nie możesz znaleźć szczęścia. *Gdy traci się bogactwo, traci się niewiele, gdy traci się zdrowie, traci się coś znacznie istotniejszego, ale kiedy traci się spokój umysłu, traci się największy skarb.*

Sukces przeto powinien być mierzony miarą szczęścia, twoją umiejętnością zachowania pokojowej harmonii z prawami kosmicznymi. Sukces nie jest zasadniczo mierzony ziemskimi standardami bogactwa, prestiżu czy władzy. Żadne z nich nie zapewni szczęścia, jeśli nie będzie właściwie użyte. Aby używać ich właściwie, trzeba posiadać mądrość i miłość do Boga i ludzi.

Bóg nie nagradza ani nie karze. Otrzymałeś od niego moc nagradzania lub karania samego siebie poprzez właściwe lub niewłaściwe stosowanie rozumu i siły woli. Jeśli przekroczysz prawa rządzące zdrowiem, dobrobytem i mądrością, to będziesz musiał nieodwołalnie cierpieć z powodu choroby, ubóstwa i niewiedzy. Jednakże powinieneś wzmocnić swój umysł i zrzucić ciężar psychicznych i moralnych słabości nabytych w przeszłości; spal je w ogniu swoich obecnych boskich postanowień i właściwych działań. Dzięki takiej konstruktywnej postawie osiągniesz wolność.

Szczęście uzależnione jest do pewnego stopnia od zewnętrznych okoliczności, ale głównie od psychicznego nastawienia. Aby być szczęśliwym, trzeba mieć dobre zdrowie, zrównoważony umysł, dostatnie życie, właściwą pracę, wdzięczne serce oraz nade wszystko wiedzę lub znajomość Boga.

Pomoże ci silne postanowienie bycia szczęśliwym. Nie czekaj, aż odmienią się okoliczności, sądząc błędnie, że w nich kryje się problem. Nie czyń z nieszczęścia chronicznego nawyku, unieszczęśliwiając w ten sposób siebie i swoich bliskich. To błogosławieństwo dla ciebie i dla innych, kiedy jesteś szczęśliwy. Jeśli posiadasz szczęście, to posiadasz wszystko; być szczęśliwym, to być zestrojonym z Bogiem. Moc, która czyni cię szczęśliwym, przychodzi z medytacji.

Paramahansa Jogananda

WSPOMÓŻ SWOJE WYSIŁKI MOCĄ BOŻĄ

———

Uwolnij w konstruktywnym celu moc, którą już posiadasz, a przybędzie jej więcej. Krocz swoją ścieżką z nieugiętą determinacją, wykorzystując wszelkie atrybuty sukcesu. Dostrój się do twórczej mocy Ducha. Będziesz w kontakcie z Nieskończoną Inteligencją, która potrafi tobą pokierować i rozwiązać wszelkie problemy. Moc z dynamicznego Źródła twego istnienia będzie płynęła bezustannie, umożliwiając ci twórcze działanie w każdej sferze życia.

Zanim podejmiesz decyzję w jakiejkolwiek ważnej sprawie, powinieneś usiąść w ciszy prosząc Ojca o Jego błogosławieństwo. Wówczas za twoją mocą stoi moc Boża, za twoim umysłem Jego umysł, za twoją wolą Jego wola. Gdy Bóg pracuje z tobą, to nie możesz ponieść porażki;

31

każda zdolność, jaką posiadasz, wzrośnie w swojej mocy. Gdy wykonujesz pracę z myślą służenia Bogu, to otrzymujesz Jego błogosławieństwa.

Jeśli praca, którą wykonujesz jest skromna, to nie przepraszaj za to. Bądź dumny, ponieważ wypełniasz obowiązek dany ci przez Ojca. On potrzebuje ciebie w tym szczególnym miejscu; wszyscy ludzie nie mogą grać tej samej roli. Jeśli tylko pracujesz, żeby zadowolić Boga, wszystkie kosmiczne siły będą ci harmonijnie asystowały.

Gdy przekonasz Boga, że pragniesz Go nade wszystko, to zestroisz się z Jego wolą. Kontynuując poszukiwanie Go bez względu na przeszkody, pojawiające się, by cię od Niego oderwać, będziesz używać swej ludzkiej woli w jej najbardziej konstruktywnej formie. W ten sposób będziesz się posługiwać prawem sukcesu, które znane było starożytnym mędrcom i które zrozumiałe jest dla wszystkich ludzi, którzy osiągnęli prawdziwy sukces. Boska moc będzie twoja, jeśli tylko podejmiesz zdecydowany wysiłek użycia jej dla osiągnięcia zdrowia, szczęścia i spokoju. Jeśli stanie się to twoim celem, będziesz podróżować ścieżką samorealizacji do swojego prawdziwego domu, który jest w Bogu.

AFIRMACJA

———

Ojcze Niebiański, będę używać rozumu, będę używać woli, będę działać, ale pokieruj moim rozumem, wolą i działaniem ku temu, co powinno się czynić.

O Autorze

———

Paramahansa Jogananda (1893-1952) powszechnie
uważany jest za jedną z najwybitniejszych duchowych
postaci naszych czasów. Urodzony w północnych In-
diach, przybył do Stanów Zjednoczonych w 1920 roku,
gdzie ponad trzydzieści lat propagował starożytną in-
dyjską naukę medytacji i sztukę zrównoważonego życia
duchowego. Poprzez wysoko cenioną historię własnego
życia, opisaną w *Autobiografii jogina*, i wiele innych
książek Paramahansa Jogananda zapoznał miliony czy-
telników z odwieczną mądrością Wschodu. Obecnie
duchowa i humanitarna działalność rozpoczęta przez
Paramahansę Joganandę jest kontynuowana pod kie-
rownictwem Brata Chidanandy, prezydenta Self-Realization Fellowship[2]/Yogoda Satsanga Society of India.

W październiku 2014 roku ukazał się nagrodzony
film dokumentalny o życiu i twórczości Paramahansy
Joganandy, *Awake: The Life of Yogananda*.

———

[2] W dosłownym tłumaczeniu: „Stowarzyszenie Samorealizacji". Paramahansa Jogananda wyjaśnił, że nazwa Self-Realization Fellowship oznacza „wspólnotę z Bogiem poprzez samourzeczywistnienie
i przyjaźń ze wszystkimi poszukującymi prawdy duszami". Zobacz
także „Cele i ideały Self-Realization Fellowship".

Cele i ideały
Self-Realization Fellowship

Ustalone przez założyciela Paramahansę Joganandę
i prezydenta Brata Chidanandę

Rozpowszechniać wśród narodów wiedzę o szczególnych naukowych technikach dla osiągnięcia bezpośredniego, osobistego doświadczenia Boga.

Nauczać, że celem życia jest przekształcenie poprzez własny wysiłek ograniczonej doczesnej ludzkiej świadomości w Świadomość Bożą; w tym celu zakładać na całym świecie świątynie Self-Realization Fellowship, gdzie można obcować z Bogiem, oraz zachęcać do zakładania indywidualnych świątyń Boga w domach i sercach ludzi.

Ukazać całkowitą zgodność i gruntowną jedność oryginalnego chrześcijaństwa, jakiego nauczał Jezus oraz oryginalnej Jogi, nauczanej przez Bhagawana Krysznę, i pokazać, że te zasady prawdy są wspólnym naukowym fundamentem wszystkich prawdziwych religii.

Wskazać jedyną boską drogę, do której ostatecznie wiodą wszystkie ścieżki prawdziwych religii: drogę codziennej, opartej na naukowych podstawach, nabożnej medytacji o Bogu.

Wyzwolić człowieka z jego potrójnego cierpienia: chorób fizycznych, dysharmonii psychicznych oraz duchowej niewiedzy.

Zachęcać do „prostego życia i wzniosłego myślenia" oraz głosić wśród wszystkich ludzi ducha braterstwa przez nauczanie o wiekuistej podstawie ich jedności: pokrewieństwie z Bogiem.

Zademonstrować wyższość umysłu nad ciałem, duszy nad umysłem.

Pokonać zło dobrem, smutek radością, okrucieństwo dobrocią, niewiedzę mądrością.

Zjednoczyć naukę i religię przez uświadamianie jedności ich podstawowych zasad.

Wspierać kulturowe i duchowe zrozumienie pomiędzy Wschodem i Zachodem, umożliwiać wzajemną wymianę najlepszych, charakterystycznych dla nich wartości.

Służyć ludzkości jako większej własnej Jaźni.

Książki
Paramahansy Joganandy
w języku polskim

Do nabycia na www.srfbooks.org lub
w innych księgarniach internetowych

Inne tytuły w serii
„Jak żyć"

Paramahansa Jogananda
Wysłuchane modlitwy
Uzdrawianie nieograniczoną mocą Bożą

Śri Mrinalini Mata
Związek guru-uczeń

Książki
Paramahansy Joganandy
w języku angielskim

Do nabycia w księgarniach lub
bezpośrednio od wydawcy
Self-Realization Fellowship
3880 San Rafael Avenue • Los Angeles,
California 90065-3219
Tel +1 (323) 225-2471 • Fax +1 (323) 225-5088
www.srfbooks.org

Autobiography of a Yogi

God Talks With Arjuna: The Bhagavad Gita
— *A New Translation and Commentary*

The Second Coming of Christ:
The Resurrection of the Christ Within You
— *A Revelatory Commentary on the
Original Teachings of Jesus*

The Yoga of the Bhagavad Gita

The Yoga of Jesus

Nagrania audio
Paramahansy Joganandy

Beholding the One in All

The Great Light of God

Songs of My Heart

To Make Heaven on Earth

Removing All Sorrow and Suffering

Follow the Path of Christ, Krishna, and the Masters

Awake in the Cosmic Dream

Be a Smile Millionaire

One Life Versus Reincarnation

In the Glory of the Spirit

Self-Realization: The Inner and the Outer Path

Pozostałe publikacje
Self-Realization Fellowship

The Holy Science
Swami Sri Yukteswar

Only Love
—Living the Spiritual Life in a Changing World
Sri Daya Mata

Finding the Joy Within You:
Personal Counsel for God-Centered Living
Sri Daya Mata

Intuition
—Soul Guidance for Life's Decisions
Sri Daya Mata

God Alone
—The Life and Letters of a Saint
Sri Gyanamata

"Mejda"
*—The Family and the Early Life of
Paramahansa Yogananda*
Sananda Lal Ghosh

Self-Realization
*(czasopismo założone przez
Paramahansę Joganandę w 1925 r.)*

Nagrania DVD

Awake: The Life of Yogananda
– film nakręcony przez CounterPoint Films

*Kompletny katalog książek i nagrań audio/wideo
– zawierający rzadko spotykane archiwalne nagrania
Paramahansy Joganandy – jest dostępny na żądanie na*

www.srfbooks.org.

Lekcje
Self-Realization Fellowship

Naukowe techniki medytacji nauczane przez Paramahansę Joganandę, w tym Krijajoga, a także jego wskazówki dotyczące wszystkich aspektów zrównoważonego życia duchowego zawarte są w *Lekcjach Self-Realization Fellowship*.

Aby uzyskać więcej informacji...

Odwiedź stronę www.srflessons.org i poproś o kompleksowy bezpłatny pakiet informacyjny na temat *Lekcji*.

www.ingramcontent.com/pod-product-compliance
Lightning Source LLC
Chambersburg PA
CBHW020042040426
42331CB00030B/508